タロット東洋起源説探究

—タロットを学ぶすべての人のために—

HOSHI Noriyuki
星 則幸

文芸社

この書は、東日本大震災からの復興を進める郷里の南相馬市の皆さまと、
愛すべき家の子供たち、星有紀と星和希に捧げます。

はじめに

私が最初にタロットに関心を持ったのは、大学時代の恩師であった西山忠範武蔵大学経済学部教授がタロットとトランプの蒐集を進められていたためです。大学生の頃、西山教授から、タロットは優れた体系を持っていて、詩人のマラルメやボルヘスが探していた、「すべてのことが書かれた一冊の本」であるかのように様々な解釈を可能とするものだという話を聞かされていました。当時、西山教授は、企業の支配構造を分析する独自の手法を駆使して、「経済評論」（昭和21年4月創刊の日本評論社発行の月刊誌）誌上等で著名な経済学者、経営学者等との論争を繰り広げていました。そうした中で、「いずれタロットの研究も行いたいけれど、大学の仕事を終えてからの楽しみかな」と話されていました。西山教授は大学在任中に逝去され、その研究は日の目を見ることはありませんでした。私がタロット研究を志したのは、その頃のことです。

現代では、タロットは占いの道具として、完全に市民権を得ています。

タロットの起源については、様々な説があります。クール・ド・ジェブランはエジプト起源説を唱え、エリファス・レヴィはカバラ起源説を唱え、バーバラ・ウォーカーは古代インド起源説を提唱しました。この本で私の提唱するタロット東洋起源説は、今までにない新たな解釈のもので、謎とされていたタロットの秘密を解き明かす鍵となるものです。

タロットは、単なる占いの道具にとどまらず、関心を持つ人に様々な啓示をもたらし、豊饒な恵みを授けるもので、その体系を学び、また、それについて考えることは、とても価値の高い営みです。

本書で、タロットの新たな魅力を発見する旅の一歩を踏み出されてみては如何でしょうか。

西山忠範（1932年4月17日―1998年）
法学者、専攻は商法。東京に生まれ、中学、高校時代を福井で過ごし、東京大学に進学、1961年法学博士（東京大学）（学位論文「株式会社における資本と利益」）。1962年4月1日武蔵大学専任講師、1968年4月1日武蔵大学教授、第12代経済学部長（在任1978年1月1日―1979年12月31日）。主要著書『支配構造論』（文眞堂）。

目次

第2章　タロット東洋起源説

第1章　タロットの基礎知識

——東洋起源説を考察する前に

タロット東洋起源説について考察する前に第1章では現在のタロットについて基礎的な知識を整理し、解明されていない謎は何か紐解いていきます。

タロットの体系

タロットは、78枚1組のカードです。寓意画が描かれた22枚からなる大アルカナと、4つのスートの棒・金貨・剣・聖杯のAから10までの40枚の数札と、王（キング）、女王（クイーン）、騎士（ナイト）、小姓（ペイジ）の4種類の人物札からなる16枚のコートカードを合わせた56枚の小アルカナに分けられます。

キング・クイーン・ナイト・ペイジには、数字が割り当てられていません。小アルカナは、合計枚数56枚ですが、4つのスートがあり、Aから10までの数札とコートカードからなりトランプによく似ています。

現代において最も標準的な「ウェイト版タロット（ライダー版）」の大アルカナの配列は次のとおりです。

フール　0

魔術師　Ⅰ
女教皇　Ⅱ
女帝　Ⅲ
皇帝　Ⅳ
法王　Ⅴ
恋人　Ⅵ
戦車　Ⅶ
力　Ⅷ
隠者　Ⅸ
運命の輪　Ⅹ
正義　Ⅺ
吊るされた男　Ⅻ
死　XIII
節制　XIV
悪魔　XV
塔　XVI

星　XVII
月　XVIII
太陽　XIX
審判　XX
世界　XXI

大アルカナのおよその意味は次のとおりです。
（リバースとはカードを逆にした逆位置ことです）

0　フール　＝　旅立ち、成長のための無邪気な冒険
0　フールリバース　＝　旅立たない、成長しない、そこに留まる
1　魔術師　＝　知識、聡明な人、全知全能
1　魔術師リバース　＝　ペテン師、知識の悪用
2　女教皇　＝　独身の聡明な女性、ワーキングガール
2　女教皇リバース　＝　独身の感情的な女性
3　女帝　＝　結婚している貞淑な慈悲深い女性、原始神母

3　女帝リバース　＝　結婚しているみだらな女性、毒婦
4　皇帝　＝　マネジメント力のある男性
4　皇帝リバース　＝　マネジメント力のない男性
5　法王　＝　慈悲深い男性
5　法王リバース　＝　狡猾な男性
6　恋人　＝　恋人、恋の成就
6　恋人リバース　＝　恋人は現れない、失恋
7　戦車　＝　勝利者、戦いに勝つ人
7　戦車リバース　＝　敗者、戦わない人
8　力　＝　力がある
8　力リバース　＝　力がない
9　隠者　＝　知恵
9　隠者リバース　＝　知恵がない
10　運命の輪　＝　運命にそった動き、地運
10　運命の輪リバース　＝　運命が変化する兆し
11　正義　＝　正義、中庸、均衡

11　正義リバース　＝　不正義、偏り
12　吊るされた男　＝　試練は実を結ぶ
12　吊るされた男リバース　＝　試練は実を結ばない
13　死　＝　死
13　死リバース　＝　再生
14　節制　＝　節制する、我慢する
14　節制リバース　＝　不節制、我慢できない
15　悪魔　＝　束縛
15　悪魔リバース　＝　解放
16　塔　＝　迷路の中で行き止まり
16　塔リバース　＝　迷路の中だが出口はある
17　星　＝　覆水が盆に返る、希望
17　星リバース　＝　覆水は盆に返らない、失望
18　月　＝　迷い
18　月リバース　＝　迷いがとけていく
19　太陽　＝　日が昇る

19　太陽リバース　＝　日が沈む
20　審判　＝　天使の降臨、思わぬ幸運、天運
20　審判リバース　＝　天使は降臨しない、自力
21　世界　＝　世界、完成
21　世界リバース　＝　未完成

カードの意味の考え方として、正位置の意味が、逆位置（リバース）では反転すると考えます。ここにあげているタロットカードの意味はその代表的な一例です。占者や占う内容によってカードの意味はこのほかにも色々あります。

タロットを学ぶ場合には、各カードの多くの意味を覚えるよりもワンセンテンスで示されたシンボリックな意味を一つしっかり覚えて、そこから派生するインスピレーションを生かして活用する方が実占では役に立ちます。

様々な占い手法

タロット占いには様々な手法があります。カード展開することをスプレッドといいます。様々なスプレッド法を試してみて、筆者がもっとも的中率が高いと思われるいくつかのスプレッドを紹介します。

（1）ヘキサグラムスプレッドによる占い

最もベーシックなタロット占いの手法であるヘキサグラムスプレッドによる占い法を紹介します。ヘキサグラムスプレッドの発案者や出典は不明です。ヘキサグラムスプレッドでは小アルカナを使わず、大アルカナ22枚のみを使用します。22枚の大アルカナを揃えて上を決めて、次のように展開していきます。

① 7枚目 過去
② 8枚目 現在
③ 9枚目 未来
④ 16枚目 自己・対策
⑤ 17枚目 相手・関係者・周囲の状況
⑥ 18枚目 無意識
⑦ 19枚目 結論

丸囲み数字の次の「×枚目」は、1組のカードの上から何枚目のカードを引くかを示し、丸囲み数字は図のようにカードを配置する位置を意味します。タロット大アルカナ22枚をシャッフル・カットしたら、カードの上下を決めて、最初に6枚を場の脇に伏せて置きます。続けて7枚目から①の位置に裏向きにして置きます。続けて②、③の位置にカードを置きます。次に6枚を脇に伏せて置き、16枚目のカード4枚を続けて④、⑤、⑥、⑦の位置に展開します。手の中に残った3枚は脇に伏せて置きます。

ヘキサグラムスプレッドは、7枚のタロットカードを六芒星の形に展開をしていくスプ

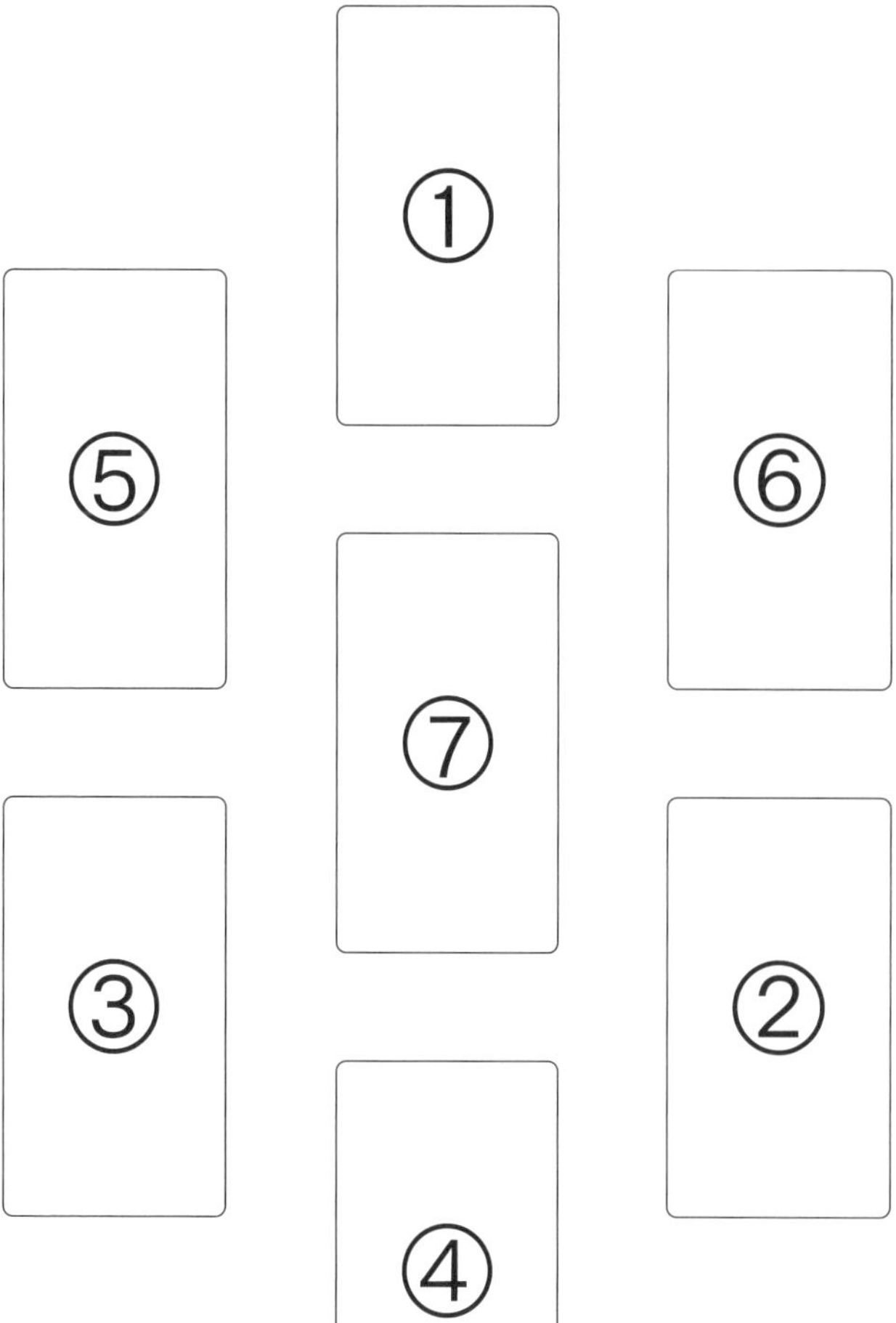

ヘキサグラムスプレッド

レッドで、聞きたい質問の種類を選ばずにリーディングできる応用範囲の広い占法です。占う対象者と質問内容を最初に明確にしたうえでカードを展開します。カードをすべて並べた後に、順番に1枚ずつカードを表に開き、解釈していきます。

一つの事柄を、過去から未来までリーディングし、自分の気持ちだけでなく、周囲の状況や相手の気持ち、さらには自分自身が意識していない潜在意識についても知ることができて、最終的な結論が得られます。

スプレッドの種類は大変多いですが、ヘキサグラムスプレッドは、どんな質問にも対応できる大変有効なものです。

(2) ワンオラクル

1枚引くことで結論を得るものです。

タロット大アルカナ22枚をシャッフル・カットしたら、カードの上下を決めて、上から19枚目のカードを引きます。

ヘキサグラムスプレッドの応用で、ワンオラクル（1枚引き）の場合は、ヘキサグラムスプレッドの結論の意味にあたる19枚目を引くことで占います。

（3）スリーカードスプレッド

3枚引くことで現在―過去―未来の推移を見るものです。
タロット大アルカナ22枚をシャッフル・カットしたら、カードの上下を決めて、上から7枚目、8枚目、9枚目のカードを引き、3枚のカードを横に並べます。
現在―過去―未来を見るスリーカードスプレッド（3枚引き）の場合は、ヘキサグラムスプレッドの現在―過去―未来にあたる7枚目、8枚目、9枚目を引くことで占います。

（4）ケルト十字スプレッドによる占い

最も人気のあるタロット占いの手法であるケルト十字スプレッドによる占い法を紹介します。ケルト十字スプレッドについては各書で様々な配置が紹介されていますが、ここでは、小アルカナを使わず、大アルカナ22枚のみを使用した手法を紹介します。

22枚の大アルカナを揃えて上を決め、次のように展開していきます。

①　1枚目　包括的な問題の状況

②　2枚目　1に対して反発するように動く力
③　3枚目　問題の根
④　7枚目　過去
⑤　8枚目　現在
⑥　9枚目　未来
⑦　16枚目　自己・対策
⑧　17枚目　相手・関係者・周囲の状況
⑨　18枚目　無意識
⑩　19枚目　結論

丸囲み数字の次の「×枚目」は、1組のカードの上から何枚目のカードを引くかを示し、丸囲み数字は図のようにカードを配置する位置を意味します。タロット大アルカナ22枚をシャッフル・カットしたら、カードの上下を決めて、最初の1枚目から①の位置に裏向きにして置きます。続けて②、③の位置にカードを置きます。3枚を場の脇に伏せて置き、続けて7枚目から④の位置に裏向きにして置きます。続けて⑤、⑥の位置にカードを置きます。次に6枚を脇に伏せて置き、16枚目のカード4枚を続けて⑦、⑧、⑨、⑩の位置に

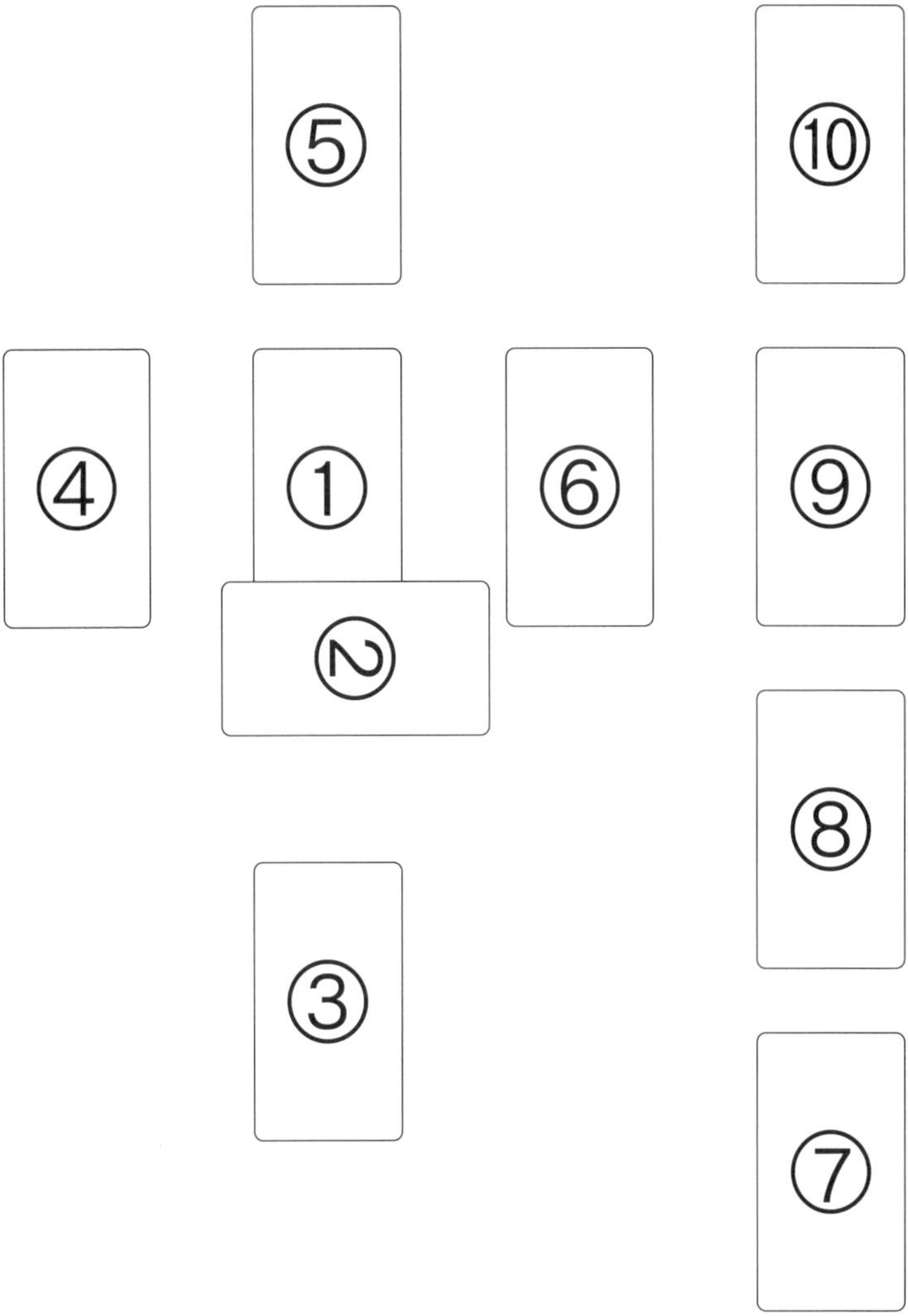

ケルト十字スプレッド

展開します。手の中に残った3枚は脇に伏せて置きます。

1～3枚目はシンボリックカードと呼ばれるもので、占いを行うシチュエーションに至った意味は何かを考えるカードです。1枚目は肯定的な意味、2枚目はそれを疑う否定的な意味、3枚目は1枚目と2枚目を統合した意味として、考えるヒントにしますが、3枚から何かしらのインスピレーションが得られれば、それが今回の占いを行う意味を示唆すると解釈します。

最後に手の中に残った3枚のカードはキーカードと呼ばれるもので、予備的カードとして結論の補足に使います。このスプレッドを自由に使いこなせるようになれば、タロット占いの技術は、一段高いレベルに達したと考えて良いと思います。

スプレッドとは、シャッフルされた22枚の大アルカナの一つのデッキに秘められた象意を展開するものです。ケルト十字スプレッドとヘキサグラムスプレッドを是非、比較してほしいのですが、自ずと違うスプレッドでもカードの上からの枚数ごとの意味が異なることはありません。

このスプレッドの考え方は筆者独自のものですが、この方法を長く使用してみて、実占で確実な成果をあげていますのでお試しいただければと思います。

タロットとトランプの起源

タロットとトランプの起源について見ていきます。

「トランプ」は日本独特の呼び名で、アメリカ、イギリスなどでは「プレイングカード」と呼ばれています。「トランプ」の本来の意味は、「強い札」のことで、英語の「trump」から来ています。その語源は、ラテン語のトリウンプス（triumphus）で意味は「勝利、凱旋」です。これがイギリスに渡り「trump」となったとされています。カードゲームに使われた「トランプ」は、日本でいう「切り札」と呼ぶものと同じで、なぜ、日本で「プレイングカード」を「トランプ」と呼ぶようになったかは、いくつかの説がありますがはっきりしていません。本書では、用語として「プレイングカード」ではなく「トランプ」を使用します。

タロットの歴史について詳細を記載した書物は日本に2冊あります。1冊は、1978年7月8日発行の『トランプとタロット』（林宏太郎著　平凡社）で、もう1冊は、20

04年8月31日発行の『タロット大全』（伊泉龍一著　紀伊國屋書店）です。『トランプとタロット』は、私が学生の頃、恩師の西山忠範教授に勧められた本で、当時は、唯一のタロットの歴史解説書といってよい本でした。この本の中には、次のような記述があります。

「（タロットの起源について）いろいろな説があるなかで、信用し得る代表的なものに、古代中国の紙札説とインドのチェス説がある。（中略）中国の紙札というのは、古代中国の紙幣によく似た遊び札のことで、4、5種類あり、いずれも細長い形で、貨幣や人物像、貨幣の紐、と呼ばれるマークを持っている。たしかにこれらを見ていると、単にロマンティックな空想だけでなく、ヨーロッパの初期のカードとの一瞬の重なりを感じることができる。（中略）神札のヨーロッパへの旅は、まず北京からサマルカンドに至る、いわゆるシルクロードだっただろう。それは11世紀ごろ、羅針盤と一緒にアラビアを通して、ヨーロッパに伝わったのかもしれない。」

興味深い説ですが、古代中国の紙札説やチェス説には文献的証拠はありません。また、この本には、1392年、精神が不安定なシャルル6世を慰めるため、「シャルル6世のタロット」と呼ばれるデッキが作成されたという通説も記載されています。

フランス国王シャルル6世の会計帳に「金色や様々な色で描かれた56枚の遊技札3デッ

キの作成の代金として、1392年に画家ジャックマン・グランゴヌールに、6枚のペルシャ硬貨が支払われた」と記載されているもので、長い間、パリ国立図書館に所蔵されていたタロットは、「シャルル6世のタロット」で現存する最古のタロットカードであると考えられていました。しかし、現在では、このタロットは、推定で1469年から1471年頃、エステ家のボルソ・デステ公爵のために作成されたものだという学説が有力となっています。

その後、出版された『タロット大全』(伊泉龍一著　紀伊國屋書店)によれば、文献資料で歴史上最初にタロットが登場したのは1442年で、イタリアのフェラーラの領主だったエステ家の帳簿の中に、トリオンフィのカードのパックを購入したとの記述があるのが、現在知られているタロットに関する最も古い記録であるとされています。

『タロット大全』の「第三章タロットカードの歴史」では、タロットの語源と意味はいまだ解くことのできない謎の一つであるとされています。また、タロットの起源については、「タロットカードの発明の時期はおそらくは15世紀前半。仮にどんなに早く見積もっても、プレイングカードがイスラムからヨーロッパに入ってきた14世紀末以降、場所は北イタリアのどこか、おそらくはフェラーラかミラノあたり。その目的は、トリック・ティキングと呼ばれる種類のゲームのため、すなわち、通常のプレイング・カード・パックに対して、特別なトランプ・カードが追加されたことで、現在のタロット・パックの原型となるものが生まれた。」と推定されています。ただし、これでタロット発祥のすべての謎が解けたのではなく、カードの絵柄がどこからきたのかについては不明であるとされ、「21世紀という時代においても〝神秘のタロット〟を巡る新たな神話が、はたして生み出されていくのだろうか。」との言葉で結ばれています。この書でもタロットの絵柄の起源ははっきり分かっていません。

タロットカードは、15世紀にはヨーロッパに現存していました。その頃は印刷機がまだ普及しておらず、手描きのカードデッキは高価だったので、王や貴族など上流階級の人達が手にするのみでした。また、この頃、タロットは占い用ではなく、ゲーム用のカードとして使用されていました。

歴史的文献資料から追跡するアプローチによらずにタロットの起源について、その全体構造から推察する手法により、タロットの起源を解明しようとした説もいくつかあります。

１７８１年、アントワーヌ・クール・ド・ジェブランは「太古の世界」を著し、タロットのエジプト起源説を唱えました。古代エジプト起源説は言語学・活動経路からは根拠がないと否定されていますが、エッティラは、エジプト起源説を基にした新解釈のタロットを作り、体系的なタロット占いを編み出し、１７８３年から１７８５年にかけて「タロットと呼ばれるカードのパックで楽しむ方法」を出版しました。エッティラはジェブランを信奉し、エジプト起源説によってタロットに神秘主義的な意味づけをして、タロット占いに「逆位置（リバース）」という解読法を加え、小アルカナの4スートに、四大元素を当てはめました。大アルカナから3枚を除いた19枚に7惑星や12星座との関連を与え占星術との関連付けを行ったのもエッティラでした。

１８５６年、エリファス・レヴィは、「高等魔術の教義と儀式」を著し、タロットとカバラ（ユダヤ神秘主義）との関係を体系化し、その中で大アルカナ22枚とヘブライ文字22文字の対応関係を改めて主張しました。ナポレオン3世に仕えた占い師エドモンは、レヴィの説に基づいたオリジナルタロットを使用していました。

１９８４年、アメリカの作家バーバラ・ウォーカーは、新石器時代の原インド・ヨーロッパ社会に母権社会が存在していたという説を唱えるフェミニストとして著名ですが、著書『タロットの秘密 その神秘な歴史と大秘儀・小秘儀』でユニークなタロット古代インド起源説を唱え、オリジナルタロットも発表しました。バーバラ・ウォーカーは、古代インドのカーリー・マーとシヴァが合体した両性具有の神アルドナハリスヴァラやタントラの教義と関連付け、4つの手に持った「笏」、「杯」、「指輪」、「剣」をタロットの4スートと関連しているとし、タントラの哲学者が定めた人生の四段階「サムホガ」、「ニルマナ」、「モクシャ」、「アルタ」にも対応しているという説を唱えました。

これらタロットの起源を古代エジプト、古代ユダヤ、古代インドに求める説がありますが、いずれも文献考証学的根拠はなく、タロットの体系から類推された説にすぎません。

なお、本書で主に解説しているカードは、20世紀になってアーサー・E・ウェイトとパメラ・コールマン・スミスがデザインした「ウェイト版タロット（ライダー版）」です。「ウェイト版タロット（ライダー版）」は、単調な数札であった小アルカナすべてに絵柄を与えるという創作を加えました。このデッキは大アルカナの8番と11番を入れ替え、「フール」のカードに0番の番号を付しています。最初に0番としたのはジェブランでしたが、現代のカードでは、それまで番号をあたえられていないか、22番が付されているのが通例でした。

現在、最もスタンダードなカードは「ウェイト版タロット（ライダー版）」になっています。

一方、トランプの歴史的な起源もはっきりしていません。チェスとともに6世紀頃のインドで発祥したとする説があり、ジプシーが7世紀頃にインドから欧州に伝えたという説もあります。ただし、この説には文献的な裏付けはなく信ぴょう性は乏しいとされています。

最も古いトランプは、エジプトを中心にシリア、ヒジャーズまで支配していたスンナ派のマムルークイスラム王朝（１２５０年～１５１７年）時のマムルーク・カードだとされています。マムルーク・カードの起源は、歴史的文献資料上は不明ではっきりしていませんが、7～8世紀頃、中国の唐の時代（６１８年～９０７年）にトランプに近い数札が存在したといわれていて、これが中国からイスラム圏に渡っていったと推測されています。中国からイスラム圏に伝来したカードが変化して、13世紀にはマムルーク・カードが出現し、このマムルーク・カードがヨーロッパに渡り、１３２０年頃トランプのスートの原型（棒、貨幣、刀剣、聖杯）が現れ、『タロット大全』によれば、「１３７７年という年が、プレイングカードについて言及した記録として最も古い年となっている。（中略）１３７７年のバーゼルの記録は特に貴重なものである。というのも、ヨハンという名のドミニコ会の修道士によって残されたその記録は、今となっては存在しない当時のプレイングカードがいったいどのようなものであったかを伝えてくれている。」とされていて、フィレンツェ、シエナ、パリでも、この年にトランプの存在を表す記述が見つかっています。

タロットとトランプの起源について判明していることを整理すると次のとおりとなります。

（1）タロット、トランプともに歴史的文献資料によるはっきりした起源は不明である。
（2）最も古い現存するタロットは15世紀、トランプは14世紀まで遡れる。

（3）タロットの起源については、エジプト起源説、カバラ起源説、古代インド起源説などあるが、いずれも歴史的文献資料はなく、タロットの構造から推論されている説である。
（4）トランプについては、歴史的文献資料はないが中国起源で中東を経てヨーロッパへ伝わった説が有力視されている。

タロットとトランプの起源についての理解は以上のようなものです。

タロットの謎

タロットにはいくつかの謎があります。

(1) タロットとトランプはどのような関係にあるのか

タロットとトランプがどのような関係にあるのか、はっきりしたことは分かっていません。タロット小アルカナとトランプのスート（絵札）の対応関係、小アルカナのコートカードに対応する数字は何か、タロットのペイジ、ナイト、クイーン、キングは、トランプのジャック、クイーン、キングとどのような対応関係になっているか、など、これらには諸説ありますが、定説はありません。また、前述のようにタロットとトランプの歴史的な関連についてもはっきりしたことは分かっていません。

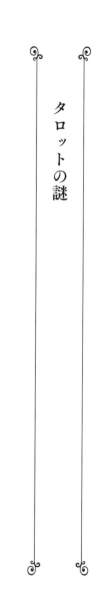

（2）タロットのスートと方位・季節との関係

諸説ありますが、明確な根拠に基づく説はありません。

（3）小アルカナの6は、慣例では吉の意味が強いカードとされている理由

小アルカナのカードの6のそれぞれの意味は、例えば、代表的な小アルカナの解説書である藤森緑さんの著書『続はじめての人のためのらくらくタロット入門』（説話社）では、正位置の意味が、棒6「誇らしげな勝利」、金貨6「心からの慈善活動」、剣6「援助者と安全な方向に進む」、聖杯6「過去の思い出に浸る」となっていて、いずれも吉の意味合いが強いカードです。一見すると6はカード全体のセンターに位置するわけでもなく、なぜ6が吉の意味の強いカードとなるのか、その理由は謎です。

（4）タロットとの各星座の関係は

定説では、タロットの大アルカナと占星術の対応は次のとおりです。

0：フール　天王星
1：魔術師　水星
2：女教皇　月
3：女帝　金星
4：皇帝　牡羊座（12星座）
5：法王　牡牛座（12星座）
6：恋人　双子座（12星座）
7：戦車　蟹座（12星座）
8：力　獅子座（12星座）
9：隠者　乙女座（12星座）
10：運命の輪　木星
11：正義　天秤座（12星座）
12：吊るされた男　海王星
13：死　蠍座（12星座）
14：節制　射手座（12星座）

15：悪魔　山羊座（12星座）
16：塔　火星
17：星　水瓶座（12星座）
18：月　魚座（12星座）
19：太陽　太陽
20：審判　冥王星
21：世界　土星

0：フール、12：吊るされた男、20：審判には、星を当てない解釈もあり、むしろ、こちらの方が一般的かもしれません。これらについても、なぜこの対応になるのか、その根拠ははっきりしていません。

（5）タロットと西洋の四大元素（火地風水）との関係

諸説ありますが、その根拠はいずれもはっきりしていません。

タロットを研究していた先人達は、18世紀にクール・ド・ジェブランがエジプト起源説を唱え、19世紀にエリファス・レヴィがカバラ起源説を唱え、20世紀にバーバラ・ウォーカーが古代インド起源説を唱えて、世紀ごとに有力なタロット全体の体系解釈が発表されてきました。しかし、先に示したタロットの謎を明瞭に解きほぐすことはできていません。

私が長年、考えてきたことは西山忠範教授が得意とされていた歴史を捨象した構造分析によってタロットの起源を探究できないだろうかというものです。

西山教授は企業の支配構造分析（西山教授の主著は『支配構造論』です）により、日本の各企業を歴史的推移分析ではなく、現状の構造を共時的に分析することで日本の社会の謎の解明を試みていました。タロットについてもその構造を分析することでその起源や謎の解明ができないかと考えてきました。歴史的文献考察から実証的な検証が困難だとすれば、タロットについて、その構造に合わせて、古代から伝わる様々な思想と合わせてみて、構造的に見合うものを探究していく手法が有力であると考えられます。

クール・ド・ジェブラン、エリファス・レヴィ、バーバラ・ウォーカーらの考えも同様の発想からのものでした。そうした発想からタロットの体系に合わせて東洋思想に起源があるとの推定がつかないものか考えてみることにしました。

ここで、タロット東洋起源説の扉を開き、次章でタロットの謎を解いていきます。

第2章　タロット東洋起源説

タロット全体の体系解釈は、占いを行ううえで大変重要です。タロットは一般には西洋のものだとされていますので、先人達は、西洋占星術の星座や星、西洋の四大元素（火地風水）、カバラのセフィロト、古代エジプトの神々などに当ててカード体系を解釈する試みをしてきました。そうした中でバーバラ・ウォーカーは、東洋のインドの古代ヴェーダ思想に目をつけて古代インド起源説を唱えました。東洋には、インドのヴェーダ思想以外にも様々な思想があります。本章では、タロットの全体体系と様々な東洋思想との関連を探り、タロット東洋起源説の原理を定めていきます。

タロットと曼荼羅

第1章で示したようにタロットは、通例、大アルカナ22枚と小アルカナ56枚に分けて体系化され、解説されています。

最初の素朴な疑問は、小アルカナとトランプは、よく似ているのですが、トランプが1デッキ52枚なのに対して、小アルカナの方が56枚と4枚多いのはなぜかというものです。トランプはとても美しい体系を持っています。すべてのカードの数字を合計すると364になり、それにジョーカーを加えると、合計で365になります。これは1年の日数と同じです。通常、1デッキにジョーカーは2枚あります。サブジョーカーは閏《うるう》年用のものと考えると、トランプは綺麗に1年＋αを表します。さらに、クラブ、ダイヤ、スペード、ハートの4つのスートは四季を表し、ジョーカー1枚を加えたすべての枚数を加算すると53枚になって、1年の週の数である52とほぼ一致します。

タロットの小アルカナも、この美しい体系に帰結すべきなのではないかと思いますが、その時に、４枚のペイジは何か邪魔なように思えていました。

タロット東洋起源説を考えるべく、トランプとタロットの歴史について本格的に調べはじめた頃のある日の晩のことです。不思議な夢を見ました。それは、小アルカナの剣のペイジのカードが、「今度、仲間を連れてくるから」と言った後で、阿弥陀如来に変わった夢でした。タロット東洋起源説解釈のすべての起点は、この夢にあります。この夢を見たのは２００８年11月29日の夜のことです。この時には、これがその後、タロット東洋起源説に繋がる起点となるとは思いもしませんでした。仏は虚空＝ゼロの世界に住む者達です。

この時に考えたことは、ペイジというカードは、大アルカナのフールとともにゼロのカードで、数学のゼロベクトルのように４枚それぞれが、値はゼロでも、フールとは違う何か別の意味を持つものなのではないかということでした。

手元にあったライダー版のフールと棒のペイジ、金貨のペイジ、剣のペイジ、聖杯のペイジの５枚を取り出して、次のように並べてみました。それが図１のタロット曼荼羅です。

PAGE of SWORDS.
PAGE of PENTACLES.
0
THE FOOL.
PAGE of CUPS.
PAGE of WANDS.

図1　タロット曼荼羅

聖杯のペイジ

剣のペイジ　　フール　　棒のペイジ

金貨のペイジ

すると、フールのカードを4人のペイジが眺めている不思議な図がそこに現れました。この図の背景は、天地が綺麗に繋がっているように見え、4枚のペイジは中央のフールを見つめているように見えます。この図は金剛界曼荼羅の如来図とよく似ています。

不空成就如来（釈迦如来）（注）

阿弥陀如来　　大日如来　　阿閦如来（薬師如来）（注）

宝生如来

（注）括弧内は同一視されるポピュラーな名前の仏を示しています。例えば『経営に生きる仏教システム　ビジネス活性化の原点』（松村寧雄著　ソーテック社）では括弧内の仏の名称で紹介されています。

曼荼羅の仏達はゼロの世界である虚空に住むもの達で、タロットのフールとペイジはともにゼロを象徴するカードだとすれば、この図はタロット曼荼羅と呼んでも良いものだと考えられます。ペイジはゼロを表すと考えると、トランプのコートカードとタロットと小アルカナのコートカードとの関係と対応する数字は次のように整理することができます。

タロット小アルカナのフール	ゼロ	トランプ	対応なし
タロット小アルカナのナイト	11	トランプのジャック	11
タロット小アルカナのクイーン	12	トランプのクイーン	12
タロット小アルカナのキング	13	トランプのキング	13

また、タロットの小アルカナのスートとトランプのスートの対応関係は、その類似性から次のとおり特定できます。

棒＝♣、金貨＝♦、剣＝♠、聖杯＝♥

長いタロットの歴史の中でトランプと小アルカナのコートカードに対応する数字やスートの関係を明確に定めた説がないことは不思議なことでした。タロット東洋起源説では、この点を明瞭に示します。これはアントワーヌ・クール・ド・ジェブランがフールのカードをゼロとした時以来のタロットカードの数字解釈上での進展であると考えています。

◇タロット東洋起源説原理1◇

4枚のペイジはフールとともにタロット曼荼羅を形成するゼロのカードである。

◇タロット東洋起源説原理2◇

タロットとトランプの関係は、小アルカナのナイトはトランプのジャックに対応し数字は11、小アルカナのクイーンはトランプのクイーンに対応し数字は12、小アルカナのキングはトランプのキングに対応し数字は13を示す。スート対応は、棒=♣、金貨=◆、剣=♠、聖杯=♥となる。

タロットと中国の五行（木火土金水）

タロットのスートと季節や方位の関係については明瞭な説がありません。タロットのスートと季節や方位の関係を明瞭に定めるために、中国の五行説に基づく木・火・土・金・水との対応について考えてみました。五行説は、古代中国に端を発する自然哲学の思想で、万物は木・火・土・金・水の5種類の元素からなるという説です。木・火・土・金・水は、互いに影響を与え合い、その生滅盛衰によって天地万物が変化し、循環するという考えが根底にあるものです。

「五行」という語が現れたのは、古代中国の歴史書である『書経』の「洪範篇」が最初とされています。五行とタロットのスートに明瞭な関係が見いだせれば、五行とタロットとの相関から様々な対比解釈が考えられます。

『金剛頂経』に基づき、大日如来によって総括される仏教の宇宙観を図式化した金剛界曼荼羅には、明確な方位が定まっていて西を上にしています。

金剛界曼荼羅の方位に合わせてタロット曼荼羅を見ていくと、棒が東、金貨が南、剣が西、聖杯が北となります。これをさらに五行の方位に合わせると棒＝東＝木、金貨＝南＝火、剣＝西＝金、聖杯＝北＝水と対応します。棒は木を象徴し、金貨は火で鋳造されるため火を象徴し、剣は金を象徴し、聖杯は水を象徴するという具合に、タロットのスートと五行は不思議な対応を示します。

五行とタロットのスートの対応が明瞭になると次のような対比解釈が可能になります。

タロット	棒	金貨	剣	聖杯	大アルカナ
五行	木	火	金	水	土
方位	東	南	西	北	中央
季節	春	夏	秋	冬	
色	青	赤	白	黒	黄
四神	青龍	朱雀	白虎	玄武	

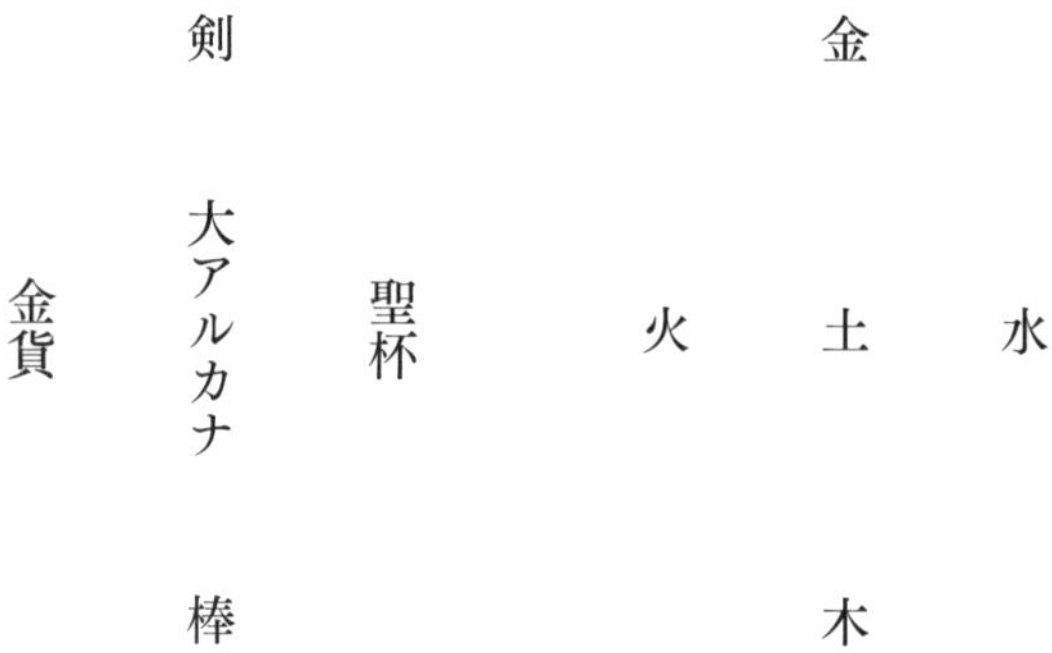

図２　五行とタロットのスートの対応の図

五行とタロットの関連は、タロットカードから様々な新たな象意を引き出せる可能性を示すもので、タロット解釈の幅を広げるものです。タロット東洋起源説では、タロットと五行との関係の解明を根幹において以下の諸説を見ていきます。

◇タロット東洋起源説原理3◇

小アルカナのスートの棒は五行の木に対応する。金貨は五行の火に対応する。剣は五行の金に対応する。聖杯は五行の水に対応する。

タロットと安藤昌益

秋田出身の江戸時代の思想家、安藤昌益（１７０３年［元禄16年］～１７６２年11月29日［宝暦12年10月14日］）は、五行説を転じて、木火金水の進退四行の世界を「自然の世」と呼び、五行の「法世」と対比し、「法世」の世から「自然の世」への転換を進めることを説いていました。

昌益は、「自然真営道」で「自然」について次のように説明しています。

自然トハ互性妙道ノ号ナリ。
互性トハ何ゾ。
曰ク、無始無終ナル土活真ノ自行、小大ニ進退スルナリ。
小進木・大進火・小退金・大退水ノ四行ナリ。

自リ進退シテ八気互性ナリ。
故ニ無始無終ナリ。
是レガ妙道ナリ。
妙ハ互性ナリ、道ハ互性ノ感ナリ。
是レガ土活真ノ自行ニシテ、不教・不習、不増・不減ニ自リ然ルナリ。
故ニ是レヲ自然ト謂フ。

昌益は、自然について「互性妙道の号」と定め、始まりもなければ終わりもないもので、不教不習、不増不減のものであるとしていました。また、「自然の世」に対する、もう一つの世として「法世」（ほうのよ）が存在すると唱えていました。「法世」は人間の社会であり、階級社会や大名や武士などが存在する社会のことです。

故ニ、人ノ法世ノ大ハ小ヲ食フ序ト、虫世ノ大ハ小ヲ食フ序ト相同ジ。故ニ、法世ノ人ノ為ル処ト、虫類ノ為ル処ト、又相同ジ。

「人の法世の大は小を食ふ」とあり、昌益は、このように法世をとらえ、人の関与しない自然のみの世界の永遠性を説いていました。昌益が五行から進退四行への変節を志向したのは、五行の中の土は、「法世」の不純なものとして、この世から世俗的な人間がいなくなり、自然の動植物のみが生態系に基づいて過ごす世界が現出すれば、この世は調和のとれた世界だったはずだと考えたためです。

タロットの小アルカナは五行のうち、小進木・大進火・小退金・大退水ノ四行の木火金水にあたり、木火金水の世界を示しており、土のない昌益の言う「自然の世」の世界を表しています。

タロット東洋起源説では、小アルカナの本質を五行説と安藤昌益の進退四行説から説くことで、フールとペイジを含む小アルカナは自然の世界を示すと考えます。

◇タロット東洋起源説原理4◇

フールとペイジを含む小アルカナは自然の世界を示す。

東洋起源説におけるタロットの体系

ここまで、タロット東洋起源説は4つの原理を定めました。フール、ペイジの5枚のカードと曼荼羅の仏との相似からフールの対応数字をゼロとし、中国の五行説からタロットのスートと季節・方位の関係を定め、安藤昌益が説く進退四行（木火金水）からフールとペイジを含む小アルカナは自然の世界を示すと定めました。

従来のタロットの体系は、大アルカナ22枚、小アルカナ56枚の区分でしたが、タロット東洋起源説では大アルカナ21枚、小アルカナ52枚、ゼロのカード5枚（フール、、棒のペイジ、金貨のペイジ、剣のペイジ、聖杯のペイジの5枚をゼロのカードとする）とした新体系で解釈すべきではないかという考えが浮かびました。この本で説くタロット東洋起源説では、次の体系を採用します。

大アルカナ21枚（フールを除いた魔術師から世界までの21枚）

小アルカナ52枚（コートカードのペイジを除いたA～キングまでの13枚×4スート＝52枚）

ゼロのカード5枚（フール、棒のペイジ、金貨のペイジ、剣のペイジ、聖杯のペイジ）

◇タロット東洋起源説原理5◇

タロット東洋起源説のカード体系は、大アルカナ21枚（フールを除いた魔術師から世界までの21枚）、小アルカナ52枚（コートカードのペイジを除いたA～キングまでの13枚×4スート＝52枚）、ゼロのカード5枚（フール、棒のペイジ、金貨のペイジ、剣のペイジ、聖杯のペイジ）の体系をとる。

タロットと三才

三才は、天地人ともいわれ、宇宙の根源的働きを指します。『易経』の「繫辞伝」から出た中国古代の思想で、一卦の六爻に、天地人の道が示されています。

タロット東洋起源説では、大アルカナ22枚のうち、フールは「ゼロのカード」として、残りの21枚は、7枚ずつ、三才─天地人の思想に基づいて、「人のカード」、「地のカード」、「天のカード」に分けます。

フールを除いた21枚の大アルカナの体系は次のとおりです。

人のカード

1　魔術師

2　女教皇

3　女帝
4　皇帝
5　法王
6　恋人
7　勝利者（戦車）

地のカード

8　力
9　知恵（隠者）
10　運命（運命の輪）
11　正義
12　試練（吊るされた男）
13　死
14　節制

天のカード

15　悪魔
16　塔
17　星
18　月
19　太陽
20　天使（審判）
21　世界

「人のカード」は人物を、「地のカード」は地上で起きる出来事を、「天のカード」は天にあるものを表します。天使も、星も、月も、太陽も、天にあるものです。悪魔は、もともと天に住む天使が変節したもので、塔のカードは、別名「神の家」とも呼ばれ、地上と天を繋ぐものとされています。

タロット東洋起源説の大アルカナは「天地人」（三才）を表します。この体系は、大変分かりやすく、タロットの初学者には参考になるものです。

天地人の配置は図3のような配置になります。この配置はとても美しく、中央に全体のバランスをとる「正義」のカードが配置され、一段目の真ん中に「皇帝」のカードが来ます。三段目の真ん中には星・月・太陽が綺麗に並びます。

フールは「ゼロのカード」として、残りの21枚は、7枚ずつ、三才─天地人の思想に基づいて、「人のカード」、「地のカード」、「天のカード」に分けます。

大アルカナはこのように三才の世界を表象し、自然を表象する小アルカナと一体となって世界を表象します。

◇タロット東洋起源説原理6◇

大アルカナは7枚ずつ、三才─天地人の思想に基づいて、「人のカード」、「地のカード」、「天のカード」を表す。

図３　天地人の配置図
（タロット東洋起源説による大アルカナ体系）

タロットとチベットの死者の書

『チベットの死者の書〈バルド　ソドル〉』（おおえ　まさのり訳編　講談社）によれば、『チベットの死者の書』は、オックスフォード・ジーザス大学宗教学教授W・Y・イヴァンス—ウェンズ博士並びにチベット語学の権威ラーマ・カジ・ダワーサムダップ師の10年近くにわたる努力の末に、1927年に出版されています。"Tibetan Book of the Dead"というタイトルで英訳され世界的なベストセラーになりました。

もともとは、チベットに密教をもたらした8世紀後半頃のチベット密教の開祖でニンマ派の創始者とされるパドマサンバヴァが著した埋蔵教典とされています。

『チベットの死者の書』では、肉体が機能を停止し最後の息がでた臨終の時から49日間、死者は意識だけの状態（パルド）となり、その後新しい母胎に入って再生する、このような輪廻思想が説かれています。その内容は、臨終の時から49日間（中陰）にわたって死者の耳元で話して読み上げる枕経で輪廻転生の過程が述べられています。この本は、臨死体験の研究書である『かいまみた死後の世界』（レイモンド・A・ムーディ・Jr.著　評論社）でも紹介されています。

大アルカナの三才が示す人間の世界と小アルカナが示す自然の世界との対比を象徴する事例として、大アルカナの死のカードを巡る解釈を示します。

それぞれ1を最底辺として、裏向きに小アルカナはAから13のキングまで、大アルカナは1魔術師から21世界までを順番に重ねていって、次のように配置します。

聖杯

剣　大アルカナ　棒

金貨

これを順にめくっていくと小アルカナがすべてめくれて切れた13番目に「死」のカードが現れ、死が、小アルカナが示す自然の世界から切り離され、自然の一部だった肉体を失い観念の世界へ旅立っていく様子を見事に表象しています。さらに、次の14番目の大アルカナは、死後の魂の鎮魂をはかる49日間の中陰にあたる「節制」のカードが来ます。子供の頃、死んだ後に三途の川を渡ると閻魔大王に会い、審問を受けて、善い行いをしていないと輪廻して現世またはさらに低い世界へ戻るという話を聞きました。49日にあたる「節制」のカードの次の大アルカナを開くと閻魔大王を象徴するような15番目の「悪魔」のカード、さらに、もう1枚開くと、その次は閻魔大王の審問の結果、天に住めない人々が地上に落とされる輪廻を示す16番目の「塔」のカードが現れます。タロットは、このように死と輪廻を大変上手く表現しています。

タロットと天使

天地人の配置で示された「死」のカードにまつわるもう一つの象徴的な解釈を紹介します。

ライダー版タロットには3天使が描かれています。「恋人」のカードにはラファエル、「節制」のカードにはミカエル、「審判」のカードにはガブリエルが描かれているといわれています。この3天使は、現代のカトリック教会においても聖人として扱われている正天使です。天使は、本来、この3天使のほかにウリエル、ラグエルの2天使らも正天使とされていました。ウリエル、ラグエルらは、745年のローマ教会会議において教皇ザカリアスに堕天使の烙印を押され、正天使から外されています。

天地人の配置図を見ると、3人の天使のカード「恋人」、「節制」、「審判」とキリストの磔刑《たっけい》を暗示させる「吊るされた男」のカードが、「死」のカードを綺麗に取り囲んでいます。大アルカナの三才天地人の配置に現れるタロットの「死のカード」を取り囲む4枚のカードは、死の周辺にある一連のタロット大アルカナの解釈に華を添えるものです。

タロットと季節（四季と土用）

私が生まれた福島県原町市（現南相馬市）には、子供の頃、お葬式の時に不思議な風習がありました。それは、「馬」と呼ばれるもので、大人の男性と子供が二人組になって、お寺へ向かう葬儀の列とは別の道を通り、お寺へお供えものを届けるというものでした。

小さい頃、近所のお葬式の時に、この馬を何回か行いました。馬を行った晩は、決まって怖い夢を見ました。それで、ある時、近所でお葬式があり、馬を頼まれた時に「馬は嫌だ。どうして、いつも自分ばかりなの。馬は嫌だ」と泣きながら断りました。いつもは、おとなしい子供が、急にわがままなことを言い出したと思い、周囲の大人達は当惑していました。馬が嫌だったのは、馬を行うと、その晩、怖い夢を見るのが嫌だったからです。このことは誰にも言いませんでした。決まって見る怖い夢とは、骸骨の顔をした人が馬に乗って、死者の国に走りこみ、最後にスッと消える夢でした。

以前、一緒に馬をした近所のおじいさんは、「馬というのは、死んだ人を黄泉の国へ連れ帰っていくものだよ。死んだものは皆、土へ還るんだ。この土地の馬という風習は、その馬にお供えものを届けるものなんだよ」と教えてくれました。不思議な風習ですが、小さい時の記憶に深く残る思い出です。

ライダー版タロットのナイトのカードを見ていて、ふと思ったことは「馬がいるな」ということです。

部屋いっぱいにライダー版のタロットを広げてみました。タロット曼荼羅の周辺に、Aからキングまで1スートそれぞれ13枚のカードを並べてみました。

このカードの配列を見ていて、季節の配置について不思議なことに気がつきました。これは四柱推命の命式を表す月支と月柱蔵干によく似ています。

季節は70ページ以降のように表されます。

剣のキング

↑

剣のペイジ

金貨のキング ← 金貨のペイジ　フール　聖杯のペイジ → 聖杯のキング

棒のペイジ

↓

棒のキング

	春	夏	秋	冬
	棒	金貨	剣	聖杯
フール	寅	巳	申	亥
ペイジ				
エース				
2				
3				
4	卯	午	酉	子
5				
6				
7				
8				
9	辰	未	戌	丑
10				
ナイト				
クイーン				
キング				

季節・タロット・月支十二支の関係

フールは各季節共通の起点となるカードで季節の始まりとなります。ナイト、クイーン、キングは各季節の終わりの土用にあたります。

これだと合計15枚で、真ん中に6ができます。四柱推命では、一つの季節は、春ならば「寅卯辰」、夏ならば「巳午未」、秋ならば「申酉戌」、冬ならば「亥子丑」という具合に、3つの十二支で示されます。そこで、タロットでは、「フール、ペイジ、エース、2、3」、「4、5、6、7、8」、「9、10、ナイト、クイーン、キング」と5枚×3で3つの支と一つの季節が表されるのではないかと考えました。馬の図柄が入ったナイトのカードの配置を見て、「馬が不思議なところにいるな」と改めて思いました。

蔵干の配置は春ならば「甲乙戊」、夏ならば「丙丁己」、秋ならば「庚辛戊」、冬ならば「壬癸己」です。この割合は、6：6：3です。コートカードのナイト、クイーン、キングは土用にあたります。

子供の頃のお葬式の思い出からか、一つの季節が生まれ、時が過ぎて、一つの季節が死んで、馬に乗って土に還り、また、ゼロから新しい季節が始まる様子を、タロットカードはすごく上手に表現しているように思えたのです。

1枚のカードを6度とすると、一つの季節はフールを起点にして15枚で構成され、90度を形成します。古代の中国の人々は季節について、春夏秋冬はそれぞれ生まれ、成長し、斜陽を迎え、土用になり、死して土に還るものと考えていたのかもしれません。タロットのフールとペイジのゼロのカードと小アルカナはこのことを上手く象徴しています。

◇タロット東洋起源説原理7◇

小アルカナのナイト、クイーン、キングは四季の土用を表す。

タロットと四柱推命の干支暦

四柱推命で使用される干支暦は不思議な暦です。

（1）朔望月《さくぼうげつ》（平均29・530589日）で月は満ち欠けします。これを1カ月として、12カ月で354・36706日にしかなりません。

（2）一太陽年は、365・242219日です。

（3）月の満ち欠けを基とする太陰暦は、太陽暦だと1年に10・875814日もずれます。それで閏月を設けて調整していました。

太陰暦では閏月を設けないと季節を上手く表せません。それで、太陰暦とは別に二十四節気が考えられました。この節気は、一太陽年を24で割って季節を区分するものです。

二十四節気は、次のとおりとなっています。

立春　雨水　　　寅
啓蟄　春分　春＝卯
清明　穀雨　　　辰
立夏　小満　　　巳
芒種　夏至　夏＝午
小暑　大暑　　　未
立秋　処暑　　　申
白露　秋分　秋＝酉
寒露　霜降　　　戌
立冬　小雪　　　亥
大雪　冬至　冬＝子
小寒　大寒　　　丑

このように1年に十二支を均等に配置しています。四柱推命で使われる干支暦の二十四節気定気法（太陽黄経等分法）によれば、月支と月柱蔵干の関係は、次のとおりです。

寅　30度　（起点となる太陽黄経315度）　甲　36度　（起点となる太陽黄経315度）

卯　30度　（起点となる太陽黄経345度）　乙　36度　（起点となる太陽黄経351度）

辰　30度　（起点となる太陽黄経15度）　戊　18度　（起点となる太陽黄経27度）

巳　30度　（起点となる太陽黄経45度）　丙　36度　（起点となる太陽黄経45度）

午　30度　（起点となる太陽黄経75度）　丁　36度　（起点となる太陽黄経81度）

未　30度　（起点となる太陽黄経105度）　己　18度　（起点となる太陽黄経117度）

申　30度　（起点となる太陽黄経135度）　庚　36度　（起点となる太陽黄経135度）

酉　30度　（起点となる太陽黄経165度）　辛　36度　（起点となる太陽黄経171度）

戌　30度　（起点となる太陽黄経195度）　戊　18度　（起点となる太陽黄経207度）

亥　30度　（起点となる太陽黄経225度）　壬　36度　（起点となる太陽黄経225度）

子　30度　（起点となる太陽黄経255度）　癸　36度　（起点となる太陽黄経261度）

丑　30度　（起点となる太陽黄経285度）　己　18度　（起点となる太陽黄経297度）

春と秋の土用は「戊」で冬と夏の土用は「己」です。この分類は、とても分かりやすいものです。たくさんある四柱推命の本の中で、こうした解説を分かりやすく記載している本はあまりありません〔筆者は、『四柱推命　暦と運命への科学的アプローチ』（松倉孝宗、甘木太郎著、ラッセル社）を参照しました〕。四柱推命を学ぶのであれば、こうした季節を踏まえた命式算出の構造を先に学ぶのが良いと思います。

定気法は、恒気法と違い地球の公転軌道が、楕円であることを意識し、日数ではなく黄経の度数を単位に季節を決めています。春は寅・卯・辰の３つの支からなります。１つの支は、太陽黄経30度で、３つの支を合わせて90度となり、一つの季節を表します。

同じように、夏は巳・午・未で90度、秋は申・酉・戌で90度、冬は亥・子・丑の月支で90度となり、各季節を表します。

春の開始は、立春で太陽黄経３１５度、春の終わりは立夏で太陽黄経45度、角度の対比は、６度をひと固まりとすると天干は５：５：５の合計15。月柱蔵干は６：６：３の合計15になります。

この構造は、夏、秋、冬の各季節に共通で、起点となる太陽黄経は、夏は立夏で45度、秋は立秋で１３５度、冬は立冬で２２５度になります。また、春と秋の蔵干の土用は陽で戊、夏と冬の蔵干の土用は陰で己となります。この蔵干の分割だと土用を除いた春夏秋冬はそれぞれ72度、土用も72度で合計360度になります。

子・丑・寅・卯・辰・巳・午・未・申・酉・戌・亥は、それぞれ節入から次の節入前までの1カ月を表し、十二支となります。

タロットは、1枚のカードが6度を表し、次のとおり十二支と対応します。

春（スートは棒）

子　フール、ペイジ、A、2、3

丑　4、5、6、7、8

寅　9、10、ナイト、クイーン、キング

夏（スートは金貨）

卯　フール、ペイジ、A、2、3

辰　4、5、6、7、8

巳　9、10、ナイト、クイーン、キング

秋（スートは剣）

午　フール、ペイジ、A、2、3

丑　4、5、6、7、8

寅　9、10、ナイト、クイーン、キング

冬（スートは聖杯）

卯　フール、ペイジ、A、2、3

辰　4、5、6、7、8

巳　9、10、ナイト、クイーン、キング

タロットは、次のとおり月柱蔵干と対応します。この場合も、フールは中央にあり起点となるため、各季節の最初に現れ、また。ナイト、クイーン、キングは、各季節の土用の位置にあり、6度×3枚＝18度を占めます。

春（スートは棒）

甲　フール、ペイジ、A、2、3、4
乙　5、6、7、8、9、10
戊　ナイト、クイーン、キング

夏（スートは金貨）
丙　フール、ペイジ、A、2、3、4
丁　5、6、7、8、9、10
己　ナイト、クイーン、キング

秋（スートは剣）
庚　フール、ペイジ、A、2、3、4
辛　5、6、7、8、9、10
戊　ナイト、クイーン、キング

冬（スートは聖杯）
壬　フール、ペイジ、A、2、3、4

癸　5、6、7、8、9、10
己　ナイト、クイーン、キング

土用を除いた各季節と土用は、

春　タロットカード合計6枚×6度＝72度
夏　タロットカード合計6枚×6度＝72度
秋　タロットカード合計6枚×6度＝72度
冬　タロットカード合計6枚×6度＝72度
土用　タロットカード合計6枚×6度＝72度

となり、合計360度になります。

このようにタロットのゼロのカード（フールとペイジ）と小アルカナがこれほど綺麗に干支暦の1年を表すということは、驚くべき発見でした。

多くの占い師は、「生年月日に基づく『命』の占い」とタロットや易のように「偶然から導かれた象意を基に占う『卜』の占い」を組み合わせて占いをしています。タロットと四柱推命を使って占っている占い師も数多くいます。ただ、タロットと四柱推命の間には、何ら関係を見いだすことなく、組み合わせて使っている方が大半だと言えます。

タロット東洋起源説は、タロットと四柱推命との関係を明らかにしました。タロットは西洋の占いで、四柱推命は東洋の占いですが、洋の東西を超えて、この二つの占いは共通した構造を持っていました。

◇タロット東洋起源説原理8◇

タロットのゼロのカード（フールとペイジ）と小アルカナは干支暦の1年を表す。

「運命の輪」と「世界」のカードの四隅に描かれた生き物

タロット東洋起源説を踏まえて、季節への対応に関する興味深い、もう一つの解釈を紹介します。新約聖書のヨハネの黙示録第4章7節〜8節に、4つの生き物が登場します。

「第一の生き物は獅子のようであり、第二の生き物は若い雄牛のようで、第三の生き物は人間のような顔を持ち、第四の生き物は空を飛ぶ鷲のようであった。この四つの生き物には、それぞれ六つの翼があり、その周りにも内側にも、一面に目があった。彼らは、昼も夜も絶え間なく言い続けた。聖なるかな、聖なるかな、聖なるかな、全能者である神、主、かつておられ、今おられ、やがて来られる方。」

(『聖書　新共同訳』ヨハネの黙示録第4章7節〜8節)

この4つの生き物とは何か、4つの福音書の記者マルコ、ルカ、マタイ、ヨハネを当てるなど諸説ありますが、牡牛座、獅子座、蠍座、水瓶座であるとの説が有力とされています。

「世界」のカードと「運命の輪」のカードには、４隅に４つの生き物、左下隅に牡牛、右下隅にライオン、右上隅に鷲、左上隅に男性が描かれています。

これらは季節の変わり目に来る４つの太陽星座を表しています。蠍は飛べないので空に昇ると鷲になるという伝説があり、水瓶座の星図は、水を流す水瓶とそれを持つ男性の姿として描かれています。それぞれの太陽星座は牡牛座、獅子座、蠍座、水瓶座を表しています。カードを頭の上に掲げて見上げると、空の星座の配置と４つの生き物の絵の位置がピタリと合います。第一の生き物は夏の終わり秋の始まり、第二の生き物は春の終わり夏の始まり、第三の生き物は冬の終わり春の始まり、第四の生き物は秋の終わり冬の始まりの星座を表し、獅子座15度の立秋、牡牛座15度の立夏、水瓶座15度の立春、蠍座（蠍座は古代においては鷲＝イーグルと呼ばれていました）、15度の立冬に対応しています。４つの生き物とは、季節の変わり目にある星座のことです。

このようにタロットは、季節と天体との関連を重視しています。干支暦と西洋占星術の太陽星座についても、タロットを使って考察すると、その関係は大変分かりやすいものになります。

タロットと太陽星座

タロットと太陽星座の関係は様々な説があります。が、タロット東洋起源説では、ゼロのカードと小アルカナが干支暦の1年を表しますので、定気法で次のように定められている太陽星座にもゼロのカードと小アルカナが対応すると考えられます。

牡羊座　＝　黄経　0度から　30度
牡牛座　＝　黄経　30度から　60度
双子座　＝　黄経　60度から　90度
蟹座　＝　黄経　90度から120度
獅子座　＝　黄経120度から150度
乙女座　＝　黄経150度から180度
天秤座　＝　黄経180度から210度

蠍座　＝　黄経２１０度から２４０度
射手座　＝　黄経２４０度から２７０度
山羊座　＝　黄経２７０度から３００度
水瓶座　＝　黄経３００度から３３０度
魚座　＝　黄経３３０度から　０度

よって、太陽星座とタロットとの対応関係は、次のようになります。

牡羊座　＝　棒6、棒7、棒8、棒9、棒10
牡牛座　＝　棒ナイト、棒クイーン、棒キング、棒ペイジ、フール
双子座　＝　金貨A、金貨2、金貨3、金貨4、金貨5
蟹座　＝　金貨6、金貨7、金貨8、金貨9、金貨10
獅子座　＝　金貨ナイト、金貨クイーン、金貨キング、金貨ペイジ、フール
乙女座　＝　剣A、剣2、剣3、剣4、剣5
天秤座　＝　剣6、剣7、剣8、剣9、剣10
蠍座　＝　剣ナイト、剣クイーン、剣キング、剣ペイジ、フール

射手座　＝　聖杯A、聖杯2、聖杯3、聖杯4、聖杯5
山羊座　＝　聖杯6、聖杯7、聖杯8、聖杯9、聖杯10
水瓶座　＝　聖杯ナイト、聖杯クイーン、聖杯キング、聖杯ペイジ、フール
魚座　＝　棒A、棒2、棒3、棒4、棒5

西洋占星術の太陽星座占いは、毎朝、テレビで放送され、新聞や雑誌にも多数掲載されていて、日本でも大変人気があります。しかしながら、この星座と四柱推命で使用される干支暦との関係は、あまり知られていません。タロット東洋起源説では、1年間の季節を表す月支と月柱蔵干、太陽星座をそれぞれゼロのカードと小アルカナを使って表すことで比較を可能とし、その関係を明らかにしています。また、この関係は、西洋の四大元素（火地風水）とタロットとの関係を導くものとなります。

タロットと西洋の四大元素（火地風水）

西洋の四大元素（火地風水）は太陽星座ごとに次のとおり対応しています。

牡羊座	火
牡牛座	地
双子座	風
蟹座	水
獅子座	火
乙女座	地
天秤座	風
蠍座	水
射手座	火

山羊座　地
水瓶座　風
魚座　水

この関係から、タロット東洋起源説では、小アルカナ＋ゼロのカードと西洋の四大元素（火地風水）との関係は、太陽星座との対応に合わせて次のとおり定まります。

（火）
牡羊座　＝　棒6、棒7、棒8、棒9、棒10
獅子座　＝　金貨ナイト、金貨クイーン、金貨キング、金貨ペイジ、フール
射手座　＝　聖杯A、聖杯2、聖杯3、聖杯4、聖杯5

（地）
牡牛座　＝　棒ナイト、棒クイーン、棒キング、棒ペイジ、フール
乙女座　＝　剣A、剣2、剣3、剣4、剣5
山羊座　＝　聖杯6、聖杯7、聖杯8、聖杯9、聖杯10

（風）
双子座　＝　金貨A、金貨2、金貨3、金貨4、金貨5
天秤座　＝　剣6、剣7、剣8、剣9、剣10
水瓶座　＝　聖杯ナイト、聖杯クイーン、聖杯キング、聖杯ペイジ、フール

（水）
蟹座　＝　金貨6、金貨7、金貨8、金貨9、金貨10
蠍座　＝　剣ナイト、剣クイーン、剣キング、剣ペイジ、フール
魚座　＝　棒A、棒2、棒3、棒4、棒5

なお、フールはこのように四大元素（火地風水）のすべてを纏う特別なカードであることが分かります。

西洋の四大元素（火地風水）とタロットとの関係は、様々な先人が論じてきましたが、納得のいく対応関係を示したものはありませんでした。四大元素について「ゼロのカードと小アルカナ」と太陽星座との関係から明瞭な関係を導くことができました。

タロットと古事記の神々

古事記は不思議な神話です。

古事記を読み始めたのは、まだ、中学生の頃のことでした。天地開闢の神話は、とても魅力的で、色々な想像を掻き立てられました。作者の一人である太安万侶の墓が見つかったのは、1979年（昭和54年）1月23日のことで、奈良県奈良市此瀬町の茶畑から発見されたというニュースを新聞で読んだのは高校生の時のことでした。

古事記には、2つの謎があります。

（1）古事記の示す系図が、旧約聖書のユダヤ民族の系図と構造が瓜二つなのはなぜか。

（2）冒頭に出てくる別天津神（ことあまつかみ）はいったい何のために登場したのか。

この2つの疑問を持っていました。高橋良典著『悪魔の黙示666 大予言事典 ついに解読された恐怖の人類未来史』（学研）の中に古事記の示す天孫降臨以降の系図と旧約聖書創世記のユダヤ民族の系図が類似しているとの記載があります。

「ニニギは、天から降りてくると、麗しき美人コノハナサクヤヒメに恋をして彼女を妻にしようとする。（『創世記』第29章ヤコブは美しく愛らしい乙女ラケルに恋をして彼女を娶ろうとする。）しかし、彼女の父オオヤマツミはニニギにコノハナサクヤヒメばかりでなく姉のイワナガヒメもめんどうをみてやってくれという（ラケルの父ラバンは、妹を姉より先にとつがせることはできないので姉のレアも妻にしてやってくれという）ところが姉のイワナガヒメは妹のコノハナクヤヒメと違って醜かったので、ニニギはイワナガヒメをオオヤマツミに返してしまった（姉のレアはラケルと違って目が弱かったので、ヤコブはレアを嫌った）。―このようなニニギの話は、ヤコブに関するユダヤの神話とおもな点で一致している。ヤコブは愛するラケルとの間にヨセフをもうけたが、ヨセフはヤコブの長子ルベンらに迫害されてエジプトに行く―ニニギはコノハナサクヤヒメとの間に山幸彦として親しまれているホホデミをもうけたが、ホホデミは長男の海幸彦ホデリに元の釣り針を返せといじめられて海神（ワタツミノカミ）の国へ行く。ヨセフはエジプトで宰相となり、オンの祭司ポテペラの娘アセナテを娶ってエフライムを生む。―ホホデミは海神の娘トヨタマヒメとの間にウガヤフキアエズをもうける。ヨセフは飢饉で悩まされている兄たちを助け、彼らの罪を許す―ホホデミは潮満つ玉と潮干る玉のふたつを用いて飢饉を起こし兄を悩ませたあと、彼の罪を許す。ヤコブの子ヨセフとニニギの子ホホデミに関する神話も、同じようにほぼ一致している。さらに、ヤコブの兄エサウは全身毛深いためエサウと名づけられたが、ニニギの兄ホアカリはエゾの毛人の祖ニギハヤヒと同一人物とみなしうる根拠がある。」

（『悪魔の黙示666 大予言事典』から引用）

古事記の系図と旧約聖書のユダヤ民族の系図は、偶然の一致では説明しがたい類似したものです。古事記の成立年代は712年ですので、古事記を編纂した太安万侶と稗田阿礼は、当時、日本に伝わっていた景教（ネストリウス派キリスト教）を通じて、旧約聖書の創世記について知っていて、暗喩的に古事記の系図の構造の中に埋め込んだのではないかと推察されます。では、別天津神は何のために登場したのか。奈良時代の日本では、仏教がことのほか盛んでした。太安万侶と稗田阿礼が、推察どおり景教をこれほどまでに意識していたとすれば、仏教についても全く無視していたとは考えられず、古事記のどこかに暗喩的に仏教の仏達を埋め込んでいるのではないかというのが私の推論するところです。

神道の文献を調べていくうちに色々と興味深い事実が分かってきました。

（1）宇摩志阿斯訶備比古遅神はアシカ火の神ともいわれ火の神様らしい。
（2）高御産巣日神は高木の神ともいわれる木の神様らしい。
（3）天之御中主神は、その名前のとおり真ん中に位置している神様らしい。

別天津神を並べると、次のような曼荼羅を展開することができます。

天之常立神

高御産巣日神　　天之御中主神　　神産巣日神

宇摩志阿斯訶備比古遅神

この曼荼羅を、仏教の曼荼羅と比べてみました。

不空成就如来（釈迦如来）

阿弥陀如来　　大日如来　　阿閦如来（薬師如来）

宝生如来

また、これらを、タロット曼荼羅とも比べてみました。

聖杯のペイジ

剣のペイジ　　フール　　棒のペイジ

金貨のペイジ

古事記には、たくさんの神々が出てきます。最初に出てくるのが別天津神で、別天津神は天地創発の時に現れた五柱の神々のことです。「古事記」上巻の冒頭で、天地開闢の際、高天原に以下の三柱の神が、いずれも「独神」（対となる夫婦神を持たない神）となって、そのまま身を隠したと書かれています。その神の名前は、

天之御中主神（あめのみなかぬしのかみ）
高御産巣日神（たかみむすびのかみ）
神産巣日神（かみむすびのかみ）

その次に、国土が形成されて海に浮かぶくらげのような状態になった時に、次の二柱の神が現れます。この二柱の神もまた独神として身を隠したと書かれています。その神の名前は、

宇摩志阿斯訶備比古遅神（うましあしかびひこぢのかみ）
天之常立神（あめのとこたちのかみ）

これら五柱の神は、天津神の中でも特別な存在として「別天津神」と呼ばれていました。
別天津神の次に、国之常立神（くにのとこたちのかみ）以下神世七代の神が現れ、その後に三貴神に繋がります。

明治時代の神道家で神道霊学中興の祖と言われた本田親徳は「御中主神は、大虚空の真中に座して幽玄の大根元を主宰したまふ神」（「神道玄義」水木大覚著）であるとしていました。別天津神は大虚空のゼロの世界に住む神々で、別天津神の天之御中主神、高御産巣日神、宇摩志阿斯訶備比古遅神、神産巣日神、天之常立神は、5枚のゼロのカードのフール、棒のペイジ、金貨のペイジ、剣のペイジ、聖杯のペイジに対応するものと考えられます。

別天津神の次に現れた十二柱七代の神達「神世七代」（最初の二代は一柱で一代、その後は二柱で一代と数えて七代となっています）が現れます。

素直にタロットカードとの関連を考えると、

1代　国之常立神（くにのとこたちのかみ）
これは、大アルカナNO1の「魔術師」

2代　豊雲野神（とよくものかみ）
これは、大アルカナNO2の「女教皇」

この対応は自然です。次に5組の夫婦神が出ます。

3代　宇比邇神（うひぢにのかみ）・須比智邇神（すひぢにのかみ）
4代　角杙神（つのぐいのかみ）・活杙神（いくぐいのかみ）
5代　意富斗能地神（おおとのぢのかみ）・大斗乃弁神（おおとのべのかみ）
6代　淤母陀琉神（おもだるのかみ）・阿夜訶志古泥神（あやかしこねのかみ）
7代　伊邪那岐神（いざなぎのかみ）・伊邪那美神（いざなみのかみ）

タロットには棒、金貨、剣、聖杯の「クイーンとキング」、大アルカナの「女帝と皇帝」の5組の夫妻を示すカードがあります。古事記の神々と合わせると、

3代　宇比邇神＝聖杯のキング、須比智邇神＝聖杯のクイーン
4代　角杙神＝棒のキング、活杙神＝棒のクイーン

5代　意富斗能地神＝金貨のキング、大斗乃弁神＝金貨のクイーン
6代　淤母陀琉神＝剣のキング、阿夜訶志古泥神＝剣のクイーン
7代　伊邪那岐神＝皇帝、伊邪那美神＝女帝

と対応します。タロットの権威者である藤森緑さんの本の中に、興味深い記述がありました。「戦車の青年は、女帝と皇帝の間にうまれた子供だという俗説がある」（『新ぜったい当るタロット』藤森緑著　魔女の家ＢＯＯＫＳ）というものです。そうすると、法王、恋人、勝利者（戦車）は三貴神かなと思いつきました。

月読神（つきよみのかみ）＝法王
天照大神（あまてらすおおみかみ）＝恋人
素戔男神（すさのおのかみ）＝勝利者（戦車）

そうして、ライダー版の「恋人」のカードを見ると、その背景に太陽が大きく描かれていました。
古事記の神々は数も多く大変複雑な構造をしていますが、タロットと古事記の神々の関

係を探るととても綺麗な対応を見せてくれます。

タロット東洋起源説を俯瞰してみますと、タロットは詩人のマラルメやボルヘスが探していた、「すべてのことが書かれた一冊の本」であるかのように様々な解釈を可能とするものだと実感します。

タロットの謎の解明

タロット東洋起源説により、第1章で示した謎の解明を進めます。

(1) タロットとトランプはどのような関係にあるのか

タロットの小アルカナとトランプのスートとの対応は次のとおりです。

棒　＝ ♣(クラブ)
金貨 ＝ ♦(ダイヤ)
剣　＝ ♠(スペード)
聖杯 ＝ ♥(ハート)

コートカードのペイジはゼロ、ナイト（トランプのジャック）は11、クイーンは12、キングは13を表します。

(2) タロットのスートと方位と季節との関係

タロット小アルカナのスートと中国の五行は、次のような関係にあります。

棒＝木
金貨＝火
剣＝金
聖杯＝水

中国の五行との対応から、タロットのスートと方位の関係は、棒が東、金貨が南、剣が西、聖杯が北となります。タロットのスートと季節の関係は、棒が春、金貨が夏、剣が秋、聖杯が冬となります。

（3）小アルカナの6は、慣例では吉の意味が強いカードとされている理由

小アルカナの6が吉の意味が強いカードとされているのは、ゼロのカードと小アルカナで季節を表した場合、次のとおりとなり、

棒6　＝　春分
金貨6　＝　夏至
剣6　＝　秋分
聖杯6　＝　冬至

6のカードが季節の中心に位置するカードとなっているためです。

（4）タロットとの各星座の関係

ゼロのカード（フールとペイジ）と小アルカナは1年を表すことから、タロットのカードと各星座の関係は次のとおりとなります。

牡羊座　＝　棒6、棒7、棒8、棒9、棒10
牡牛座　＝　棒ナイト、棒クイーン、棒キング、棒ペイジ、フール
双子座　＝　金貨A、金貨2、金貨3、金貨4、金貨5
蟹座　　＝　金貨6、金貨7、金貨8、金貨9、金貨10
獅子座　＝　金貨ナイト、金貨クイーン、金貨キング、金貨ペイジ、フール
乙女座　＝　剣A、剣2、剣3、剣4、剣5
天秤座　＝　剣6、剣7、剣8、剣9、剣10
蠍座　　＝　剣ナイト、剣クイーン、剣キング、剣ペイジ、フール
射手座　＝　聖杯A、聖杯2、聖杯3、聖杯4、聖杯5
山羊座　＝　聖杯6、聖杯7、聖杯8、聖杯9、聖杯10
水瓶座　＝　聖杯ナイト、聖杯クイーン、聖杯キング、聖杯ペイジ、フール
魚座　　＝　棒A、棒2、棒3、棒4、棒5

タロット東洋起源説では春夏秋冬の季節の起点を「フール」とし、原点となるゼロのカードとみなすことから、「フール」のカードが牡牛座、獅子座、蠍座、水瓶座の複数の

星座に対応しています。

（5）タロットと四大元素（火地風水）との関係

タロットと西洋の四大元素（火地風水）との対応は、星座の対応に合わせて次のとおりです。

（星座の対応）

牡羊座、獅子座、射手座……………西洋の四大元素の火

牡牛座、乙女座、山羊座……………西洋の四大元素の地

双子座、天秤座、水瓶座……………西洋の四大元素の風

蟹座、蠍座、魚座……………………西洋の四大元素の水

火　＝　棒6、棒7、棒8、棒9、棒10

金貨ナイト、金貨クイーン、金貨キング、金貨ペイジ、フール

聖杯A、聖杯2、聖杯3、聖杯4、聖杯5

地　＝　棒ナイト、棒クイーン、棒キング、棒ペイジ、フール
　　　　剣A、剣2、剣3、剣4、剣5
　　　　聖杯6、聖杯7、聖杯8、聖杯9、聖杯10

風　＝　金貨A、金貨2、金貨3、金貨4、金貨5
　　　　剣6、剣7、剣8、剣9、剣10
　　　　聖杯ナイト、聖杯クイーン、聖杯キング、聖杯ペイジ、フール

水　＝　金貨6、金貨7、金貨8、金貨9、金貨10
　　　　剣ナイト、剣クイーン、剣キング、剣ペイジ、フール
　　　　棒A、棒2、棒3、棒4、棒5

東洋起源説によるタロットの謎解きは以上のようなもので、いずれも大変明快な解釈です。

ここまでタロット東洋起源説を見てきました。

18世紀　タロットエジプト起源説（1781年、アントワーヌ・クール・ド・ジェブラン）
19世紀　タロットカバラ起源説（1854年、エリファス・レヴィ）
20世紀　タロット古代インド起源説（1984年、バーバラ・ウォーカー）

と1世紀に1つずつ大きなタロット解釈が現れました。

21世紀のタロット解釈　タロット東洋起源説

タロット東洋起源説は、伊泉龍一氏が『タロット大全』に示された「21世紀という時代においても〝神秘のタロット〟を巡る新たな神話がはたして生み出されていくのだろうか。」との問いに答えるものです。日本は今、大変な占いブームで、タロット占いは最も人気のある占いの一つです。この書を起点として21世紀の新たな歴史的起源説が日本から展開していくことを期待しています。

タロット東洋起源説は、東洋と西洋を結ぶものですが、これから到来する22世紀の初めには、もう一つの東洋と西洋を結ぶメモリアルがあります。干支暦の始まりがいつかという問題は、歴史的にも、論理的にも、大変興味深いものですが、今まで明瞭な回答はありません。

通説の黄帝開国六十干支暦の起点グレゴリオ暦紀元前2697年2月5日（火曜日）は、甲戌日となり、甲子日でも、日曜日でもありません。

干支暦の端緒は、グレゴリオ暦換算で、紀元前４１９７年１月29日23時（日曜日）ではないかと考えています。（年の切れ目は、前年の冬至、日の切れ目は23時としています）

この日の23時過ぎの干支暦の年月日時は次のようになります。

年　甲子

月　甲子

日　甲子

時　甲子

この年を起点として１２６０年周期で、曜日分の7周期が人類の歴史であると考えると、

グレゴリオ暦紀元前４１９７年１月29日23時（日曜日）

グレゴリオ暦紀元前２９３７年１月23日23時（土曜日）

グレゴリオ暦紀元前１６７７年１月18日23時（金曜日）

グレゴリオ暦紀元前　４１７年１月12日23時（木曜日）

グレゴリオ暦　　８４４年１月６日23時（水曜日）

グレゴリオ暦　２１０４年１月１日23時（火曜日）
グレゴリオ暦　３３６３年12月27日23時（月曜日）
グレゴリオ暦　４６２３年12月21日23時（日曜日）

日曜日に戻るまで１２６０年×７サイクルを要します。
現在は、グレゴリオ暦が１月１日、干支暦が、

年　甲子
月　甲子
日　甲子
時　甲子

となり、西洋の暦と東洋の暦の起点が一致する２１０４年１月１日（火曜日）に向けて時間が経過しています。２１０４年１月１日（火曜日）には、西洋と東洋の暦がそれぞれの起点を合わせて一つになります。

その頃には、タロット東洋起源説が西洋と東洋の新たな架け橋となり、西洋と東洋が和合して穏やかで平和な時代が訪れていますことを願っています。

付録1　タロット東洋起源説原理一覧

タロット東洋起源説原理1

4枚のペイジはフールとともにタロット曼荼羅を形成するゼロのカードである。

タロット東洋起源説原理2

タロットとトランプの関係は、小アルカナのナイトはトランプのジャックに対応し数字は11、小アルカナのクイーンはトランプのクイーンに対応し数字は12、小アルカナのキングはトランプのキングに対応し数字は13を示す。スート対応は、棒＝♣、金貨＝◆、剣＝♠、聖杯＝♥となる。

タロット東洋起源説原理3

小アルカナのスートの棒は五行の木に対応する。金貨は五行の火に対応する。剣は五行の金に対応する。聖杯は五行の水に対応する。

タロット東洋起源説原理４

フールとペイジを含む小アルカナは自然の世界を示す。

タロット東洋起源説原理５

タロット東洋起源説のカード体系は、大アルカナ21枚（フールを除いた魔術師から世界までの21枚）、小アルカナ52枚（コートカードのペイジを除いたA～キングまでの13枚×4スート＝52枚）、ゼロのカード5枚（フール、棒のペイジ、金貨のペイジ、剣のペイジ、聖杯のペイジ）の体系をとる。

タロット東洋起源説原理６

大アルカナは7枚ずつ、三才―天地人の思想に基づいて、「人のカード」、「地のカード」、「天のカード」を表す。

タロット東洋起源説原理７

小アルカナのナイト、クイーン、キングは四季の土用を表す。

タロット東洋起源説原理8

タロットのゼロのカード（フールとペイジ）と小アルカナは干支暦の1年を表す。

付録2　タロット用語集

東洋起源説オリジナルのタロット用語集です。

デッキ

タロットカードの１組の呼び方です。通常は78枚です。フールを含めた大アルカナ（22枚）のみの場合もあります。

大アルカナ（メジャーアルカナ）

通常は、番号ⅠからＸＸⅠにフールを加えた22枚のカードです。タロット東洋起源説では、フールをゼロのカードとして、大アルカナと分けます。

ゼロのカード

タロット東洋起源説で定めたもので、フールとペイジのことです。

小アルカナ（マイナーアルカナ）

通常は、大アルカナ以外の56枚のカードです。この本で提唱する東洋起源説では、ペイジをゼロのカードとして小アルカナとは分けて考えます。

スート

小アルカナの棒、金貨、剣、聖杯のことです。トランプのスートとの対応はタロット東洋起源説では次のとおりです。

棒　＝　クラブ　♣
金貨　＝　ダイヤ　♦
剣　＝　スペード　♠
聖杯　＝　ハート　♥

カードの裏と表

絵や数字の書き込んである面が表で、上下の区別のできない面が裏です。

山（パイル）

カードの集まりの呼び方です。

上下

山やカードの向きを表します。

コートカード

各スートの中で人物が描かれているカードです。

ペイジ
ナイト
クイーン
キング

コートカードと数字の対応はタロット東洋起源説では次のとおりです。

ペイジ　0

ナイト　11
クイーン　12
キング　13

数札（ピップカード）

小アルカナの各スートの数字が描かれているカードです。A～10まであります。

スプレッド（展開法）

カードの置き方のことです。カードを置く位置にはそれぞれ意味があるので、占う時には置く位置の意味とカードの意味を合わせて解釈します。様々なバリエーションがあり、占者により違いがあります。

レイアウト

スプレッドに従ってカードを並べる動作のことです。

正位置（アップライト）

カードが正しい向きになっていることを示します。

逆位置（リバース）

カードが逆向きになっていることを示します。通常は、正位置の逆の意味に解釈します。

リーディング

カードの意味と配置の意味から結論を読み取ることです。

シャッフル

カードを掻き混ぜる動作のことです。

カット

カードを複数に分けて並び替えや交換を行うことです。

象徴札（シンボリックカード）

占いを補助する目的で選び出すカードです。山の一番上のカード、または上から3枚目までのカードで質問者や質問内容を連想させるカードです。ケルト十字スプレッドでは、最初の1枚、クロスする2枚目、ルートと呼ばれる3枚目がこれにあたり、問題設定についてのテーゼ、アンチテーゼ、ジンテーゼを示します。

鍵札（キーカード）

山の一番下のカードまたは下から3枚目までのカードでリーディングの際に参考として用いることがあります。

オールアップライト

すべてのカードが正位置として出ることです。

オールリバース

すべてのカードが逆位置として出ることです。

ジャンプカード

シャッフルの途中、1枚だけめくれたり卓上から落ちたりしたカードのことです。リーディングでは、ジャンプカードを特別なものと見なしてリーディングに取り入れます。

ライダー・ウェイト版

アーサー・E・ウェイトの監修により、パメラ・コールマン・スミスによって描かれたタロットカードです。8が力、11が正義になっています。

マルセイユ版

16〜18世紀のヨーロッパで大量生産されて普及したタロットカードです。8が正義、11が力になっています。

ソーティング

タロットカードを番号順に並べる作業のことです。

ドロー

タロット占いで、カードの山から1枚のカードを引いて運ぶことです。

場

タロットカードを広げ、占いを行う場所のことです。

サンプル・リーディング

仮想問答によるリーディングの解説法です。仮定の質問に対して、あるスプレッドを用いて占ったらこういうカードが出たという仮定をし、リーディングの方法やコツを解説する場合に使います。

ポジティブカード

「明るい」「前向き」といったプラスの意味を表す幸運、好結果などが期待できるカードのことです。

ネガティブカード

「暗い」「後ろ向き」といったマイナスの意味を表す、不運やタイミングの悪さ、悲しい結末などが予想されるカードのことです。

付録3 「塾長」根津嘉一郎への思い——西山忠範教授との思い出についての手記

私にタロットについて教えてくれた武蔵大学経済学部教授の西山忠範教授との思い出についての手記を掲載します。

なお、この手記の初出は、武蔵大学会報19号（2021．6）です。

日本国内の多くの鉄道敷設や再建事業に関わった「鉄道王」初代根津嘉一郎を私は親愛の情をこめて「塾長」と呼んでいます。嘉一郎は1860年生まれで、私より丁度100歳年上です。

「国家の繁栄は育英の道に淵源する」という信念のもと教育事業を手がけ、旧制武蔵高等学校を創立したのは、大正11年（1922年）のことです。嘉一郎は経営に行き詰まった企業を数多く買収し、再建を図ったことから、「火中の栗を拾う男ボロ買い一郎」との異名があります。手がけた会社は、東武鉄道、日本第一麦酒（アサヒビール、サッポロビールの前身）、館林製粉所（現・日清製粉）、高野登山鉄道（現・南海電鉄）などで、再建の秘訣は、「内に消極、外に積極」とし、経費節減と積極投資の両方をこなせる稀な経営者といわれ、起業家・経営者育成の手腕もかわれていました。また、経営や人材育成のみならず文化人としても一流で、茶人として「青山」と号して茶道を嗜み、多くの茶道具や古美術を蒐集し、青山にある根津美術館の基を作りました。昭和8年（1933年）嘉一郎72歳の時には、故郷の山梨県の子供達のために、人体模型、顕微鏡、ミシン、200台のピアノを県下の小学校に贈り、「起業家はお金儲けよりも人々のためになること、社会奉仕の精神が大切だ」という信念を有言実行しています。

武蔵大学は、嘉一郎が社会貢献の目的で創立した旧制武蔵高等学校をルーツとしています。旧制高校創設時に掲げた現在に続く建学の三理想「東西文化融合のわが民族理想を遂行し得べき人物」、「世界に雄飛するにたえる人物」、「自ら調べ自ら考える力ある人物」は嘉一郎によるもので、「自ら調べ考え、心を開いて対話し、世界に思いをめぐらし、身近な場所で実践する人物を育てる」ことを思い描いていた嘉一郎の理想に遡ります。

嘉一郎についての話は、入学後、当時経済学部長だった西山忠範教授から聞きました。教授は、「支配構造論」、「脱資本主義論」を引っ提げ、「経済評論」誌上で多くの著名人を論敵として、華々しい論争を繰り広げていたかたわら、目黒の私邸には、ビュフェの絵画を数多く飾り、蒐集した世界中のタロットとトランプを並べ、萩原朔太郎の詩を読み、アンリ・ヴュータンのヴァイオリン協奏曲を愛聴する風流人でもありました。教授によれば、

「東大がビートルズなら、武蔵大学はブラームスでしょ」というのがお決まりの武蔵大学論で、その武蔵を創った原点は根津嘉一郎にあるという話を繰り返し聞かされたものです。嘉一郎の教えを具現化すべく、西山教授とは、卒業時に次の3つの約束を交わしました。

1　起業家を育て、企業の再生を支援する仕事をする。
2　いつの日か大学の教壇に立ち、嘉一郎の志すような人材の育成を行う。
3　美術品や芸事を称え、この国の文化を継承するように努める。

卒業後、政府系金融機関の日本政策金融公庫で中小企業金融、起業支援、企業再生支援、事業承継支援などの仕事に長く携わり、秋田大学の非常勤講師としてアントレプレナー論の講義や秋田県立大学でベンチャービジネス論の講義を行う機会にも恵まれました。

そして、定年退職を機に秋田市に居を構えました。秋田県は日本で一番の高齢化・人口減少が進んでいる地です。嘉一郎の教え「社会から得た利益は社会に還元する義務がある」を体現するために、秋田市内に人々が中心となって学び合う場を形づくり、大学で学んだ経済学、経営学の伝達、起業者の支援を始めました。また、古美術・絵画の鑑賞、クラシックギターの演奏など、芸術面での支援も行っていきたいと考えています。

江戸時代末期に現在の山口県萩市にあった吉田松陰の松下村塾は、わずか八畳一間の小さな私塾でしたが、身分にかかわらず誰もが学ぶことができ、歴史・経済・倫理・芸術など様々なことを教えていました。講義形式での授業は行わず、対話を重んじ、徹底した討論を行っていたといわれています。その指導法は、嘉一郎の理想を継承した武蔵大学のゼミナールと何ら変わらないものです。

この松下村塾から、明治新政府で活躍した多くの偉人達を輩出したことは広く知られています。小さいながらもその教育法が優れていたために、この私塾から多くの若者が頭角を現して世に出たのです。同じことが現代の地方都市でもできないかというのが私の思うところです。

秋田には人知れず、地元のために頑張っている人々が大勢います。そうした人々が少しでも伸長できるように何かしらできることを行って「社会から得た利益は社会に還元する義務がある」という教えを実践していきたいと考えています。

おわりに

タロット東洋起源説、如何でしたでしょうか。クール・ド・ジェブランのエジプト起源説、エリファス・レヴィのカバラ起源説、バーバラ・ウォーカーの古代インド起源説、そのいずれもが、東洋起源説と同じようにカード体系から推察された起源説です。

詩人のマラルメやボルヘスが探していた「すべてのことが書かれた一冊の本」であるということの意味は、普遍性の高いタロットのカード体系が、世の中の様々な事象を理解するために応用できる優れたモデルを形成しているということではないでしょうか。

当初、この書籍は「大人のためのタロット入門―東洋起源説を探る」という表題での出版を予定していました。校正の途中で編集部から提案があり、「タロット東洋起源説探求―タロットを学ぶすべての人のために―」というタイトルに変更しました。このタイトルは、哲学者ウィトゲンシュタインの著書「哲学探究」を念頭においてネーミングしたものです。ウィトゲンシュタインにはもう一冊「論理哲学論考」という名著があります。これは番号付けられた短い命題の集合で構成された哲学の全体体系を示した書です。機会がありましたら、「論理哲学論考」風に整理した「論理タロット東洋起源説論考」をまとめてみたいと考えています。

本書を通じて、タロットの様々な魅力に気づき、タロットについて考えるヒントを得ていただけましたら大変嬉しく思います。

最後になりますが、本稿の原案草稿を最初に見てくれた今は亡き占い師のマギー先生、本稿の原案草稿を会報に掲載してくれた日本易学協会の武隈天命先生、本稿を書く端緒となったお話を聞かせてくれた恩師西山忠範先生、原稿作成に協力してくれた立花三央さん、編集をご担当いただきました文芸社の西村早紀子さんに御礼を申し上げ、結びとします。

星則幸

参考文献

『古事記』（倉野憲司校注　岩波文庫）
『聖書 新共同訳』（日本聖書協会）
『タロット大全』（伊泉龍一著　紀伊國屋書店）
『トランプとタロット』（林宏太郎著　平凡社）
『タロット占いの秘密―古代の英知を集めた神秘の書』
（辛島宜夫著　二見書房）
『新ぜったい当るタロット』（藤森　緑著　魔女の家BOOKS）
『はじめての人のためのらくらくタロット入門』（藤森　緑著　説話社）
『続はじめての人のためのらくらくタロット入門』（藤森　緑著　説話社）
『タロットの秘密 その神秘な歴史と大秘儀・小秘儀』
（バーバラ・G・ウォーカー著　寺沢明美訳　一の丸出版）
『タロットバイブル』（レイチェル・ポラック著　鏡リュウジ監訳　朝日新聞出版）
『四柱推命　暦と運命への科学的アプローチ』（松倉孝宗、甘木太郎著　ラッセル社）
『自然真営道』（安藤昌益、野口武彦他　講談社）

『かいまみた死後の世界』（レイモンド・A・ムーディ・Jr.著　中山善之訳　評論社）
『チベットの死者の書〈バルド　ソドル〉』（おおえまさのり訳編　講談社）
『支配構造論』（西山忠範著　文眞堂）
『経営に生きる仏教システム　ビジネス活性化の原点』（松村寧雄著　ソーテック社）
『悪魔の黙示666　大予言事典　ついに解読された恐怖の人類未来史』
（高橋良典著　学研）
『神道玄義』（水木大覚著　今日の話題社）
日本易学協会会報「鼎」NO64（平成26年　秋）（日本易学協会）
武蔵大学同窓会会報「武蔵」85号（2021年6月）

著者プロフィール

星 則幸（ほし のりゆき）

1960年福島県原町市（現南相馬市）生まれ
1983年3月武蔵大学経済学部経営学科卒
1983年4月国民金融公庫入庫
2013年4月日本政策金融公庫酒田支店長
2015年4月　同　秋田支店長
2018年4月　同　南関東地区債権業務室長
2020年4月　同公庫退職
2021年4月秋田市内で新事業立上げ

日本将棋連盟公認将棋指導員
日本易学協会会員

タロット東洋起源説探究

—タロットを学ぶすべての人のために—

2023年12月15日　初版第１刷発行

著　者　星 則幸
発行者　瓜谷 綱延
発行所　株式会社文芸社
〒160-0022　東京都新宿区新宿1－10－1
電話　03-5369-3060（代表）
03-5369-2299（販売）

印刷所　図書印刷株式会社

ISBN978-4-286-24414-3